Name

Date

Name

Date

Name

Date

Name

Date

Name

Date

Name

Date

Name _____

Date _____

Name

Date

Name

Date

Name

Date

Name

Date

Name

Date

Name

Date

Name

Date

Name

Date

Name

Date

Name

Date

Name

Date

Name

Date

Name

Date

Name

Date

Name

Date

Name

Date

Name

Date

Name

Date

Name **Date**

Made in the USA
Monee, IL
16 October 2022

15998497R00062